청어詩人選 515

봄은 어김없이 온다

조명자 시집

봄은 어김없이 온다
조명자 지음

발행처	도서출판 청어
발행인	이영철
영업	이동호
홍보	천성래
기획	육재섭
편집	이설빈
디자인	이수빈 | 구유림
인쇄	정우인쇄

등록　1999년 5월 3일
　　　(제321-3210000251001999000063호)

1판 1쇄 발행　2025년 12월 10일

주소　서울특별시 서초구 남부순환로 364길 8-15 동일빌딩 2층
대표전화　02-586-0477
팩시밀리　0303-0942-0478
홈페이지　www.chungeobook.com
E-mail　ppi20@hanmail.net

ISBN　979-11-6855-409-2(03810)

본 시집의 구성 및 맞춤법, 띄어쓰기는 작가의 의도에 따랐습니다.
이 책의 저작권은 저자와 도서출판 청어에 있습니다.
무단 전재 및 복제를 금합니다.

봄은 어김없이 온다

조명자 시집

시인의 말

길을 찾기 위해
긴 길을 걸어왔다

험하고 낯선 길
오래 겨울 속에 서서
비를 맞고 바람을 맞았다

굽은 길 돌고 돌아
이제야 마주한 시의 숨결

아직은 먼 걸음
부끄러운 첫걸음을
내딛는다.

2025년 겨울
조명자

차례

5   시인의말

1부

12   퍼즐 한 조각
13   머그잔에 남은 온기
14   바다의 기억
16   풋사과 향기
18   어머니 냄새
20   난간이라도 넓었으면
21   향나무와 소나무
22   두꺼비의 여름
24   날개 달린 자전거
26   호박꽃이 좋다
27   해탈
28   쓸쓸한 자유
30   보이지 않는 농부
32   버려지는 것들
33   길냥이의 당부
34   외로움은 각자의 몫

2부

36 다시 돌아올 수 있을까
37 봄은 어김없이 온다
38 풀잎 배
40 텃밭, 그 가을의 풍경
42 어느 미망인의 현충일
43 잃어버린 꿈
44 빨간 우체통
45 세상은 변해간다
46 도토리의 가을
47 착각
48 잘못된 착지
50 산머루
52 겨울로 가는 길
54 거울을 본다
55 질경이
56 대포항에서

3부

60　날아가는 새
61　장미꽃이 피었다
62　몸이 아프다
64　강바람이 그리운 날
66　대나무숲
67　국화차를 마시며 1
68　국화차를 마시며 2
69　부화
70　빛바랜 장롱
72　가을 끝자락에서
74　숨
75　바다가 좋다
76　떠나는 친구
78　풀벌레 소리
79　너만 알아준다면
80　실타래가 풀렸다
82　둥천

4부

84 어느 가을날의 일탈
86 감나무의 추억
88 나 여기 있어요
89 엄마를 닮았다
90 마음이 쓸쓸한 날
91 당신을 기다립니다
92 깔끄막길
94 싹 난 감자
96 계절이 바뀌고 있다
97 말발굽
98 겨울 풍경
99 가을앓이
100 가로수처럼 당당하게
101 갈등
102 생각의 끈
103 도시 매미
104 좋은 날

해설 _김성조(시인·문학평론가)
106 '나'를 찾아가는 내 안의 자아

1부

퍼즐 한 조각

퍼즐 한 조각이 사라졌다

서랍을 열어보고

책상을 뒤져봐도 영 보이지 않는다

책상 한쪽에 잘 보관해 두었는데

없다

온종일 찾다가 지쳐버렸다

꽃으로 장식해 본다

그냥 빈 공간으로 남겨둔다

머그잔에 남은 온기

머그잔의 온기처럼
따뜻한 커피 한잔 생각나는 날
커피를 내려서 두 손으로 감싸본다

따뜻하다 못해 코끝 찡해온다
다 마셔버리면 온기가 사라질 것 같아
마시다가 남겨둔다

살아온 날보다
살아갈 날이
멀고 막막하다

그래도 이만큼 살아온 것이 어디인가?

어깨를 토닥여본다
마음도 풍경도 얼어붙는 봄날

식어가는 머그잔의 온기처럼
꽃들의 희망마저 멀어지고 있다

바다의 기억

작은 수족관 속 싱싱한 꽃게들
푸른 바다를 꿈꾸고 있다
서로의 다리를 단단하게 물고
그들만의 바다를 철썩이고 있다

집게로 잡으려면 더욱더 엉겨 붙어
집게마저 삼킬 듯 물어뜯는다
꽃게들의 한바탕 저항을 달래며
따뜻한 꽃게 찌개의 식탁을 그려본다

수돗물로 씻으려 하자,
죽은 듯 잠잠하던 꽃게들
일제히 일어나 와글와글
파도 소리를 내기 시작한다

그 중 한 마리 틈을 비집고 나와
어두운 바닥으로 툭 떨어진다
어딘지 모를 그곳을 향해
안간힘으로 기어간다

아직도 바다를 기억하는가

절뚝이며, 절뚝이며
먼 파도 소리를 따라간다

풋사과 향기

아침저녁 선선한 바람이 옷깃을 스친다
장을 볼 겸 오랜만에 재래시장에 갔다

과일가게를 지나는데,
언뜻 파란 풋사과가 눈에 띈다
벌써 가을이 왔나
제법 사과 향이 난다

제철이 짧아
늘 아쉬웠던 풋사과
오늘은 한 바구니 샀다

시골 작은오빠네 사과도 이만큼 익었을까?
작년엔 태풍으로 농사를 망쳐 힘들어 했었는데,
올해는 풍성하게 열렸겠지

가을 햇살아,
오빠네 사과나무에도 따갑게 내려주렴
속삭여 본다, 부탁해본다

빨갛게 여물어 가는 가을처럼

방울방울 땀방울 얼굴에
웃음꽃 활짝 피어날 수 있게
사과 향 가득 날아오를 수 있게

어머니 냄새

구수한 냄새가 날아든다
미세먼지로 창문 꼭꼭 닫았지만
고향집 어머니가 끓여 주시던
어머니 냄새

냉이국일까?
달래국일까?

향긋한 냄새에 이끌려 창가로 다가간다
어디선가 고향집 무쇠솥이 끓고 있다

이맘때면 고향마을
아낙들은 된장을 뜬다
어느 집 아낙은 윤나게 항아리를 닦고
어느 집 아낙은 도시로 간 자식들 반찬통을 챙긴다

올해도 앞뒷집 장독대엔 된장이 푸르게 익었나보다

밤마다 시린 통증에 밤잠 설치면서도
새벽 별빛에 아궁이 불을 지피시던 어머니

텅 빈 고향 집 마당으로 들어선다
어머니가 끓여 주시던
먼 기억 속의 어머니 냄새

난간이라도 넓었으면

찬비 내리는 어스름 저녁
어디서 날아왔는지 비둘기 한 마리
창문 밑에 웅크리고 있다

문득 눈이 마주친다
불안한 듯 흔들리는 눈동자

여린 날개에 빗물이 스며든다
어둡게 젖어 드는
작은 영혼

동이 트려면
아직 몇 굽이의 비바람을
더 견뎌야 하리라

난간이라도 넓었으면 좋으련만
좁은 발밑이 칠흑 허공이다

향나무와 소나무

작은 화단에 향나무가 눈을 떴다
길 가던 새가 잠시 한눈을 팔다가
씨앗을 떨어뜨렸을까

하필 오래된 소나무 옆에 뿌리를 내렸다
먼저 터를 잡은 소나무가 눈을 흘긴다
자리다툼에 향나무의 어깨가 움츠러든다

옮겨 심어야 하나?
벼르다 날 잡아 향나무를 일으켜 보지만,
그새 제법 뿌리를 내렸다

그럼, 소나무를 베어 버려야 하나?

망설이는 동안, 두 나무는
땅속 깊이 서로 엉키고 있다

두꺼비의 여름

비 그친 한낮
공원 산책길에서 두꺼비를 만났다
반짝, 반가운 마음에
한참을 따라 걸었다

아스팔트를 지나 작은 풀숲을 지나
연못으로, 연못으로 향하는 걸음

몇 날을 걸어왔는지
느릿느릿 온몸이 무겁다
따라 걷는 발소리에도
눈길 한 번 주지 않고
제 갈 길만 간다

공원 옆 공터엔
아파트 공사가 한창이다
도시는 정신없이 층수를 늘리고
사람들은 숫자놀이에 발길이 바쁘다
올라라, 더 높이 올라라
허공을 날아오르는 빌딩들

비둘기는 지쳐서 땅으로 날고
참새는 변두리 숲으로 이사를 간다
운 좋으면 작은 연못을 만나고
운 나쁘면 로드킬 당하는 세상

여름 해는
용광로처럼 뜨거운데,
푸른 연못은 멀기만 하다

날개 달린 자전거

후미진 골목길에
자전거 하나 버려져 있다
아무도 눈길 주지 않는다

몇 날이 지나도
그 자리 그대로 서 있다
오락가락 장맛비에
누렇게 녹이 슬고 있다

빗물 잦아드는 어느 저물녘
지나던 행인이 고개 갸우뚱 걸음을 멈춘다
주위를 돌아보다, 기우뚱 삐걱
자전거를 끌고 간다

마른 수건으로 촘촘히
젖은 결을 닦고 바람을 넣자,
죽었던 핏줄에 생기가 돋아난다

안장에 걸터앉아본다
둥근 바퀴가 날아오른다
저 길 끝까지 달려보라,

굽은 등 푸르게 밀어준다

호박꽃이 좋다

담장 밑에 호박잎이 푸르다
이웃집 할머니가 심어놓은 호박
어설픈 울타리지만 단단히 터를 잡아
잘 뻗어 오르고 있다

호박잎에 오락가락 비가 스친다
이 비 그치고 나면
줄기마다 노란 꽃
총총 초롱불 밝히겠지

나는 호박꽃이 좋다
어린 호박의 타는 여름과
잘 익은 호박의 둥근 가을

문 닫고 살아가는 우리네 일상
담장 이쪽과 담장 저쪽의
이야기를 이어주는
나는 호박꽃이 좋다

해탈

굴비가 새끼줄에 매달려
멀뚱멀뚱 발밑
세상을 내려다보고 있다
입속 가득 파도를 물고
어두운 허공에 발을 놓고 있다

푸른 바다를
마음껏 물결치던 날개는
소금에 절여져,

너무 딱딱하지도
너무 부드럽지도 않게
꾸덕꾸덕 말려지는 동안
더 깊이 철썩이는 외로움

어느 햇살 잘 드는 창가
정갈한 식탁 위에 올라앉아
살과 뼈가 촘촘히 분리되어
비로소 해탈하겠지

쓸쓸한 자유

먼 이국땅
어느 강변

자유가 주는 쓸쓸함
와인 잔에 담아 마셔본다

먼 시선 너머로 한 폭의
수채화를 품은 오래된 집들
물결 이랑을 넘실댄다

무거워지는 자유
등을 스치는 쓸쓸함

낯선 바람은 낯선 하루를 이끌고
낯선 그림자를 걸어간다

어젯밤 애달프게 울어대던 작은 새는
언제 그랬느냐는 듯 맑은 눈으로
초록 가지에 앉아있다

울음이 아닌,

하늘빛 청아한
자유를 노래하고 있다

보이지 않는 농부

가을 들판에 홀로 서 있는
허수아비 온몸을 흔들고 있다

어디서 날아왔는지
한 떼의 참새들 조롱하듯
곡식을 헤집는다

아직 해가 저만큼 남아있다는 듯
쉴 새 없이 가을을 쪼아댄다

농부는 어디로 갔을까
목이 쉬도록 불러보아도
보이지 않는다

허수아비의 외로운 싸움
밀짚모자가 벗겨지고
낡은 옷깃이 떨어져 내린다

외치는 소리는 앞산에 부딪혀
빈 메아리로 돌아온다

그늘진 들판
허수아비의 생애가
바야흐로 노을빛에 젖어든다

버려지는 것들

전봇대 옆 골목 귀퉁이에
낡은 장롱 하나 우두커니 서 있다
한평생 몸담았던 집을 떠나
이제는 길에서 비바람을 맞고 있다

한쪽 문이 떨어질 듯 말 듯 매달려있다
십장생 사슴이 몸을 떨고, 부귀영화
모란꽃이 한 잎 두 잎 지고 있다

한때는 고상한 자태를 뽐냈을
각양각색 무늬들 빛을 잃고 스러진다
문짝을 움켜쥔 경첩마저
마지막 손끝을 놓고 있다

쓰임이 다하면 버려지는 것들

저 멀리 수거차가 달려온다
칸 칸 서랍장 우는소리
서서히 어둠 속으로 사라진다

길냥이의 당부

길고양이 한 마리가 어둠을 타고
가로수 골목길을 서성거린다

그 어느 때,
생선토막을 내어주던 손수레
따뜻했던 손길이 그리워서
이 골목 저 골목을 기웃거린다

뜨거운 열기에 목이 타는 허기
비린 바다 냄새를 찾아
온종일 헤매고 헤매다,
다 찢겨 펄럭이는
검은 비닐봉지를 헤집는다

걸음 멈추고 흘낏거리는 눈길들

제발, 그런 눈으로 보지 말아다오
나는 아무것도 훔치지 않았으니,
나를 도둑고양이라 부르지 말아다오

외로움은 각자의 몫

잠잘 곳을 찾지 못한 작은 새들
지붕 위를 서성이며 울고 있다

찬비 내리는 바람 끝
밤늦도록 이리저리
발자국 소리 애잔하다

빗물은 젖은 깃털마저
한 올 한 올
웅크려 떨게 한다

외로움은 각자의 몫
봄은 아직 멀리 있다

그저
날이 밝기만을 기다릴 뿐이다

2부

다시 돌아올 수 있을까

바다가 바다를 버리고 있다

붉게 신음하는 바다
병이 들었다

해파리보다 더 많이 떠다니는 쓰레기들
거북이는 비닐을 먹고 눈이 멀었다

어부들은 만선의 항해를 기다리지만.
바다는 오늘도 돌아올 생각이 없다
준 만큼 돌려받는 오염의 시대

태어난 제 이름
제 고향조차 잊어버렸다

바다,
다시 돌아올 수 있을까

봄은 어김없이 온다

겨울은 아직 떠날 생각이 없는데,

바람이 따뜻하다
햇살이 눈부시다

묵은 흙길 사이로
얼굴을 내미는 새싹들
노란 꽃망울을 매단 산수유

꽁꽁 언 겨울을 잘도 견뎠구나

기다리다 보면
봄은 어김없이 온다

우리에게 선물 하나쯤 안겨준다

풀잎 배

하늘이 잔뜩 흐리다
방금 한바탕 소나기가
쏟아질 질 듯하다

어린 시절 동네 꼬마들은
비 오는 날을 유난히 좋아했다
파란 비닐우산을 쓰고
약속이라도 한 듯 골목길에 모여
작은 웅덩이를 만들곤 했다

웅덩이에 맑은 물길을 내어
동동 풀잎 배를 띄우기도 했다

내 배가 더 빠르지?
내 배가 더 멋있지?

앞니 빠진 흙투성이
얼굴로 마냥 신이 나서
마주 보며 깔깔거렸다

빗소리가 창을 때린다

창밖엔 알록달록 동그란 우산들
혼자만의 생각에 잠겨
어딘가, 어디론가 떠가고 있다

어릴 적 띄워 보낸
그 풀잎 배는 지금쯤
어느 포구에 닿아있을까?

텃밭, 그 가을의 풍경

한차례 맑은 빗줄기가 스쳐 가자,
텃밭 풍경이 화들짝 활기차다
수줍게 얼굴 내미는 연분홍 순무
단단하게 물이 든 붉은 고추

누렇게 잎이 바랜 서리태는
살짝만 스쳐도 꼬투리가 터질 듯하다
속이 찬 배추는 이른 아침부터
사람의 손길을 기다리고 있다

이제 가을걷이를 해야 할 시간
따가운 햇살이 잘 익은
늙은 호박의 이마에 모여든다

한 잎 한 잎 제 걸음을
돌아보는 은행나무
긴 장마와 태풍을 이겨낸 국화도
지난 아픔을 갈무리한다

철새는 무엇이 그리 아쉬운지
아직도 산마루를 서성이고 있다

작은 손수레의 도시농부
그 푸르던 날들의 소문도
그림자를 거둬들이고 있다

어느 미망인의 현충일

잿빛 하늘
온종일 비가 온다

연녹색 나뭇잎에 빗방울이 돋는다
비둘기 한 마리 무심히 물방울을
쪼아 먹다, 고개 갸웃
잿빛 하늘을 올려다본다

이른 초록을 흐르던 바람 한 점
낮은 창틀을 스쳐 가자, 오래
맺혀있던 물방울 후드득 떨어진다

비바람이 몇 차례 어두운 계절을 흐르는 사이,
강산도 몇 차례 푸름을 건너갔다

바랜 사진 속
젊은 웃음이 젖고 있다
어느 미망인의 가슴에도
온종일 비가 내린다

잃어버린 꿈

아직 해가 중천에 걸렸다

아픔과 슬픔은
처마 끝에 내려두고
길을 나서자

잠든 봄을 일깨워
언덕 저 너머까지 달려가자
잃어버린 꿈을 향해 달려가자

차곡차곡 쌓아 온 이야기는
풀잎 그늘에 새겨두고
기적소리 멀리멀리 날아가자

아직 해가 중천에 걸렸다

빨간 우체통

인적 드문 좁은 골목길
노란 민들레꽃이 햇살을 펴고 있다
비둘기는 허공을 날갯짓하고
참새 떼는 온종일 먹이를 나른다

놀이터 아이들의 맑은 웃음소리
동네 강아지들도 덩달아 신이 난다

겨울을 잘 지나왔구나
노란 개나리는 담벼락 사이로 손을 내밀어
막 봉오리를 트는 목련에게 인사를 한다

머리를 들어 하늘을 봐
이제 멀리 달려갈 수 있을 거야

대문 앞 빨간 우체통은
아침부터 발끝을 세우고
누군가를 기다리고 있다

세상은 변해간다

마을 앞 정자나무에
아침부터 까치가 울어댄다

까치가 울면 반가운 손님이
온다고 했지만 요즘엔
천덕꾸러기가 되었다

기쁜 소식도
다정한 기다림도
그저 무덤덤하다

세상은 변해간다
너와 나의 소식도
끊어진 지 오래

인간의 걸음도 땅에 떨어졌다

도토리의 가을

눈 시린 하늘을 이고
도토리나무가 바람과 싸우고 있다
허리 꺾이도록 바람을 밀어내고 있다

끈질긴 바람의 손끝에
도토리 한 알이
툭, 떨어진다

도토리는 홀로
개울을 건너고
계곡 날 선 바람을 건넌다

낯설고 험한 산길
구르고 또 구른다

어디선가 귀 밝은
다람쥐 한 마리 쪼르르 달려와
도토리를 물고 간다

착각

바다는 말이 없다
그저 제 길을 왔다가
제 길을 갈 뿐이다

세상 설움 다 삼키고도
세상 외로움 다 스치고도

아무런 말이 없다
언제나 말이 없다

바다는 처음부터
말이 없었다

메아리가 돌아올 것이라는,

달콤한 위로는
착각이었다

잘못된 착지

먼 길을 날아
해마다 찾아왔던 곳

잘못 왔나?
풍경이 삭막해졌다

제초제 냄새가 코를 찌른다
벼 포기 사이, 사이
살이 오른 우렁이도
논둑 푸른 풀벌레 울음도

보이지 않는다
들리지 않는다

요란한 기계음 너머로
동네 까치는 떼를 지어 텃세를 부리고
낯선 발길들은 매연을 뿜으며
여기저기 샛길을 내기에 바쁘다

잠시 날개를 내려
지친 마음을 달래고 싶었다

풀잎 한 철을 꿈꾸고 싶었다

잘못된 착지
다시 길 잃은 새가 되어
길을 찾아 떠나간다

산머루

골목길 낡은 담장 귀퉁이에
산머루 하나 푸른 넝쿨을 짓고 있다
이름은 산 산 산, 산머루인데
도시의 발등에 뿌리를 내리고 있다

언제 날아와 숨 틔웠을까
누구의 손길에 줄기를 벋었을까
8월 태양 아래 한 잎 한 잎
울음소리 뜨겁다

마디, 마디 손끝 피워올릴 때마다
알알이 서러운 이주 살이
가끔, 산바람이 불어올 때면
마음 한 철을 삭혀
또 한 계절을 날아오른다

다시 돌아갈 수 있을까
쪽잠 자며 살아온 날들
푸른 숲 산빛에 잠들 수 있을까
한여름 매미는 짧은 생이
서러워 목 터져라 노래한다

8월 지나
9월이 오면,

어느 귀한 손에 잘 빚은
머루주로 태어날까

겨울로 가는 길

겨울 초입에
눈 대신 비가 내린다
어스름 저녁 우산을
쓰고 걸어간다

잎 진 나뭇가지 사이로
하염없이 떨어지는 빗줄기
가슴에 방울방울 물길을 낸다

기다리는 눈은 오지 않고
무심하게 밤을 열고 있는 가로수
지나온 발자국은 빛을 잃어간다
아스팔트 위 빗물은 어딘지 알 수 없는
심연을 따라 흘러간다

올 한해 많이 지쳤다
그만큼 너를 지켰고
또 나를 지켰다

빗방울이 거세진다
조금 더 참기로 하자

지금은 모두가 힘들 때다

거울을 본다

거울을 본다
문득, 거울을 본다

바쁜 일상을 걸어오며
내 얼굴을 자세히
들여다본 적이 언제였던가

그 사이 하나둘 주름이 생겨
작은 골을 이루고 있다

걸어온 시간만큼 깊어진 골짜기
두 손으로 지워보려 하지만
더 깊은 흔적만 남길 뿐

거울을 본다
보고 또 보아도
흘러간 시간은 돌아오지 않는다

질경이

분홍 진달래
너도 살았니?
담장을 기웃대는 개나리
너도 살았니?

봄이 오면
살아서 만나자던 약속
노란 민들레
너도 살았니?

지금쯤 고향 집 뒷산엔
매화꽃 산수유 한창이리라

참, 제비꽃
너도 살았구나

밟히고,
밟히는 질경이
나도 살았다

대포항에서

새하얀 깃털 새 한 마리
해변가 횟집에 날아와 앉는다
그 모습 가까이 보려고 다가갔지만
눈길 한번 주지 않고 먼 곳만 바라본다

해는 뉘엿뉘엿 산을 넘는데
길을 잃었는지, 어디로
가야할 지를 모르는지
새는 그 자리 그대로 앉아 있다

바다에 어두움이 깃들자,
새의 날개에도 저녁 빛이 스민다
바다를 눈앞에 두고
왜 홀로 외로움을 삼키는가

아직 어린 새인데
온종일 누군가를 기다리다,
어항 속 물고기만 먹고 간다는
횟집 주인의 말

새야,

날이 저물었구나
이제 어서 집으로 돌아가야지

3부

날아가는 새

이른 새벽
하얀 새 한 마리 날고 있다
큰 소리로 울면서 날고 있다

희미한 불빛
세상은 고요한데,

마지막 인사를 하려는지
연못 부근을 빙빙 돌고 있다

날이 밝자,
어딘가 그곳으로
날갯짓하며 날아간다

장미꽃이 피었다

어스름 저녁 혹시나,
하는 마음에 화단에 나가보았다

얼마 전 옮겨 심은 장미꽃이 피었다
생일선물로 받은 화분
자꾸 시들시들 메말라 속상했는데,
어느새 자리를 잡고 꽃을 피웠다

한 송이도 아닌, 세 송이의 꽃
이대로 잘 자라면 내년 이맘때는
제법 줄기를 늘여 울타리
저 너머까지 향기를 피워올리겠지

방금 문밖을 나서는 어린 새처럼
서럽게 가슴 뛰는 날

몇 번이고 물을 주면서
꽃을 보고 또 보았다

몸이 아프다

몸이 아프다
감기 몸살도 아닌데
자꾸 무기력해지는 손끝

아무것도 할 수가 없다
아무것도 하기가 싫다

바람 숭숭
살끝을 파고든다
이불을 당겨본다
옷깃을 여며본다

또 한 계절이 바뀌려나보다
형광등은 점점 희미해지고
어둠은 더 깊이 뿌리를 내린다

오늘도
불안한 미래, 불안한 나와
싸우고 있는 나

이제 긴 싸움을 멈추고 싶다

내 안의 나와 화해하고 싶다

남은 가을을
목청껏 노래하는 풀벌레들
이런 내 마음을 위로한다

강바람이 그리운 날

강바람이 그리운 날
저녁노을 친구 삼아 강으로 간다

길가 벤치에 지친 걸음을 쉬는 사람들
먹이를 찾던 청둥오리는
물고기 한 마리를 물었는지
날갯짓 소리 요란하다

강 건너 하나둘 화려하게
어스름을 켜 드는 불빛들

강물은 저리 푸르게 잘도 흘러가는데,
우리네 삶은 왜 이렇게 더듬거리는지
불어오는 강바람에 가슴 아리다

내 안에 꽁꽁 숨어버린
감정의 찌꺼기는
오늘도 문을 닫아걸고 있다

갈대를 스치는 바람은
무심히 누군가를 기다리고

또 누군가를 떠나보낸다

마음 한편에 허공을 두고
나는 자꾸 누군가를 붙잡고 있다

대나무숲

효창동 공원에는
작은 대나무숲이 있다
새들이 집을 지어 아침이면
노랫소리 청아하다

가늘었던 줄기들
제법 굵은 나무가 되어
작은 숲을 이루고 있다

한 마디 키를 세우려고
긴 겨울 묵묵히 속을 비웠으리라

누군가 보아주지 않아도
저 홀로 하얗게 뿌리를 내려
비우고 또 비웠으리라

어느 날 빈 마디마디
맑은 피리 소리가 되어
햇살 저 너머로 날아오르리라

국화차를 마시며 1

국화꽃을 보면
국화차가 생각난다

노란 향기 속으로
옛 그림자가 스며든다

지금은 얼굴조차 희미하지만
유달리 국화차를 좋아했던 그대

이제 혼자 마시고 있다

다시 찾아온 가슴앓이
시린 추억 한잔을 마신다

국화차를 마시며 2

햇살 끝으로
기분 좋은 바람이 스쳐간다

카페에 들러
국화차 한 잔을 시킨다
은은 깊은 향기
입 안에 머금어 본다

옛 기억의 한끝처럼
찻잔에 마지막 꽃잎을 띄워서
너에게 보낸다

유난히 아팠던
그 가을의 이야기도
함께 실어 보낸다

이제 집으로 돌아가려 한다

부화

길가 작은 연못에
점, 점, 점 개구리알이
머리를 맞대고 있다

지나던 아이들이 신기한 듯
걸음 멈추고 바라본다
나뭇가지로 건져보려 하지만
말랑말랑 미끌미끌
쉽게 딸려 오지 않는다

한 아이가 손으로 잡아본다
꿈틀, 몸을 뒤채는 생명들

아이야, 조금만 기다려주렴
내일, 모레쯤이면
이 푸른 연못에서 마음껏
뛰어놀 수 있을 거야

그때는 개굴개굴
풀꽃 노래도 불러줄게

빛바랜 장롱

너는 항상 나만 바라보았지
다정한 눈길, 말 한마디
건네주지 않아도 늘 그 자리
그 모습으로 나를 반겨주었지

아무도 없는 텅 빈 집
한없이 기다리고 있을 너를
까맣게 잊은 채
나는 즐겁기만 했다

돌아와 눈인사도 없이
온통 세상 짐만 던져 놓아도
너는 한마디 원망 없이
내 지친 밤을 지켜주었지

함께 걸어온 많은 시간
그 시간만큼 빛바랜 너를
재활용으로 실어 보낼 때도
너는 말없이 내 손을 놓아주었지

빈자리에 무엇을 놓을까

나는 오늘, 설레는 걸음
대형 가구점 앞에 서 있다

가을 끝자락에서

나뭇잎이 떨어진다
떨어진 나뭇잎은 바람을 타고
계곡 그늘진 곳으로 날아가 쌓인다

가을 끝자락은 시리다 못해 서럽다
햇살은 계곡물에 반짝이고 있지만,
날아온 나뭇잎은 계곡 끝자락에 얼어있다

얼음 계곡물은 한순간
걸음을 멈춰버린 듯 고요하다
하지만 그 밑으로는 수많은 물줄기들
숨 가쁘게 길을 찾고 있으리라

생이 마냥 푸르지 못하듯
흐르는 물도 항상 제 길을
찾을 수 있는 것은 아닐 것이다
그래도 가야 하기에 멈추지 않고
흐르고 흐른다

이 길의 끝에 무엇이 있는지 모른다
다만 이리 걸리고 저리 차이는

돌 굽이를 걷고 또 걸을 뿐이다

아직 늦지 않았다
계곡을 따라 휘돌아 흘러가다 보면
거기 어디쯤, 눈빛 푸른 강물이
출렁이고 있지 않겠는가

숨

어제는
온종일 장맛비가 오더니

오늘은
씻은 듯 파랗게 개었다

흰 구름 돛단배까지
두둥실 떠다닌다

살아있다는 것은
저 맑은 하늘을 숨 쉬는 것
초록빛 바람을 느끼는 것

은행나무 이마에 땀이 흐른다
오늘도 열정적으로 살았나보다

바다가 좋다

바다가 좋다
봄, 여름, 가을, 겨울
제 계절의 빛을 사를 줄 아는
바다가 좋다

파란 물살에 발을 담그고
미지의 수평선을 따라 걷거나,
모래밭에 앉아 먼빛 바라만 봐도
닫힌 가슴이 환하게 개인다

수없이 밀려왔다,
밀려가는 파도 위에
내 생의 절반을 실어보낸다

그 어느 곳, 그 누구와도
마음 나눌 수 없을 때
바다를 찾아간다

하늘이 흐려도 바다는 늘 푸르다

떠나는 친구

아지랑이 아른아른
꿈같은 봄날에
사랑을 위해
먼 길 떠나는 친구

차마 붙잡지 못하고
손을 놓는다

낡은 가방에
책 한 권
옷 한 벌

묶인 끈
툭툭 털어버리고
가벼운 걸음
낯선 땅으로 날아가는
뒷모습이 아름답다

내려놓지 못해
언제나 전전긍긍
머뭇거리는 나

문득,
쓸쓸한 바람 한 줄기
등을 스친다

풀벌레 소리

한차례 찬 이슬이 스쳐 가자
나뭇잎 우수수
빛을 잃고 스러진다

어둠 내려앉은 밤
누군가,
영원의 나락으로
떨어진다 해도
아무도 모를 것이다

어디선가
나지막이 들려오는
풀벌레 소리

잠 못 드는 자의
슬픔까지 울고 있다

너만 알아준다면

너만 나를 알아준다면
나는 살아갈 이유가 충분하다
너만 나를 사랑해 준다면
너만 나를 바라봐 준다면

세상에서,
이 세상에서
너만 내 삶을 지켜준다면
어두운 밤에도 발 헛디디지 않으리

그러나,
오늘도 회색빛으로 울고 있는 나

부서지는 파도처럼
너도 없고
나도 없는

서러움 가득한 날이다

실타래가 풀렸다

엉킨다
자꾸 엉킨다

어디서부터 잘못되었는지
시작점을 찾을 수가 없다
풀고 풀어도 풀리지 않는다

이리 찾고
저리 찾고
밤낮을 헤맨다

문득, 스쳐 가는
마음속 깊은 응어리
거기, 오래 엉켜있는
실타래 하나

한끝을 잡고
부드럽게 당겨본다
솜털 하나하나까지
쓰다듬고 달래본다

엉킨 한 끝이 풀린다
실타래가 풀렸다

둥천

여행가는 길
길가에 아카시아꽃 만발했다
초록 이파리 사이, 사이로
송이송이 하얀 얼굴들 향기롭다

지금쯤 고향마을 둥천에도
아카시아꽃 지천으로 피었겠지

동네 어르신들은 나무 그늘에 앉아
두런두런 얘기꽃을 피우고,
아낙들은 말끔히 비질해 놓은 자리에
각자 집에서 만든 음식을 내왔을 것이다

온 동네가 둘러앉아
함께 나누던 따뜻한 인정

아이들은 하얀 아카시아꽃을
따먹으며 마냥 즐거웠다
풀피리 소리 아련한 어린 시절
오늘따라 코끝 찡하게 그리워진다

4부

어느 가을날의 일탈

가을 하늘이 끝없이 푸르다
나무 의자에 앉아 하늘을 바라본다
사진 찍기에 바쁜 사람들 틈 속에
일상의 한때를 내려놓는다

잠시 한눈을 팔면 이 순간이
깜빡 사라져 버릴까봐, 무작정 앉아있다
시간을 잊고 멍하니 앉아있다

어디선가 솜구름 한 조각이 날아와 떠다닌다
내 무거운 마음을 받아줄 수 있을까
솜구름에 나를 실어 보낸다

구름 따라 떠돌고 싶다
어디든 날아가고 싶다

몸도 마음도 지쳐
아무것도 하기 싫은 날
가을 하늘에 손 내밀어 본다

가슴 깊은 곳에 응어리진

갈증만 채워질 수 있다면,

오늘 하루도 그저 살아낼 것 같다

감나무의 추억

골목길 담장 너머로 주렁주렁
탐스러운 감이 볼을 내밀고 있다
하루가 다르게 주홍빛을 띠고 있다

고향 집 담벼락에도 큰 감나무가 있었다
봄이면 가지마다 우윳빛 감꽃
아이들은 감꽃을 주워 목걸이를
만들기도 하고 소꿉놀이 간식으로
식탁을 차리기도 했다

초여름 연둣빛 풋감을 깨물다,
떫은맛에 펄펄 뛰며 웃던 기억
늦서리가 장독대를 스쳐 갈 때쯤
풋감은 빨갛게 가을빛이 들었다

술래잡기 친구의 어깨에 툭 떨어지던 홍시
아이들은 서로 줍겠다고 깔깔대며
가을 속으로 달려가곤 했다

달콤한 홍시의 맛을 잊지 못해
아직도 습관처럼 잘 익은 감나무를 보면

손을 내밀어 본다

까치밥도 넉넉하게 남겨두었던
어릴 적 감나무의 추억

나 여기 있어요

한차례 봄비 스쳐 가자,
여기저기 꽃망울이 터진다

여기에 꽃이 있었나?

그늘에 가려 보이지 않던 줄기들
모르고 밟고 다니던 풀뿌리들
색색 꽃눈을 튼다

백양나무 묵은 옹이에도
푸릇푸릇 물빛이 돈다
겨우내 누렇게 메말라 있던
억새 발끝에도 봄빛이 오른다

나 여기 있어요
나 여기 있어요

오래 참아온 손끝을 밀어 올린다

엄마를 닮았다

시골에서 온 택배
신문지로 돌돌 말려있다

참기름과 참깨
잘 건조된 붉은 대추, 고춧가루
한껏, 가을을 품고 있다

하나하나 풀다가
그만 울고 말았다

예전에는
엄마가 보내주시던
가을이었다

이제는
또 다른 손,

엄마를 닮았다

마음이 쓸쓸한 날

마음이 쓸쓸한 날에는
산책을 한다

어느 먼 계절을 스쳐온 듯한
바람 소리를 들으며
아무 생각도, 목적도 없이
발밤발밤 그림자를 밟는다

오가는 발길에 짓눌린 길섶엔
어느새 물빛 아지랑이
내 흐린 눈을 씻어준다

막 움을 틔우는 나무들은
지나온 겨울을 되돌아본다
추웠던 옷깃을 추스른다

당신을 기다립니다

따스한 햇살 창가에
작은 꽃밭을 들여놓고
당신을 기다립니다

행여 마중 나갔다,
길 엇갈릴까 봐
온종일 창가를 서성입니다

키 낮은 의자에 앉아
바람의 향기를 헤아려 봅니다

오래 기다려 온 봄맞이

그대여, 오시려거든
창문 틈으로 오시지 말고
마음 문 활짝 열고 들어오소서

깔끄막길

도시에서는 보기 드문 깔끄막길
마음 심란하면 자주 찾아간다

한 계단 한 계단
숨이 턱까지 몰아칠 때
새삼 살아 있음을 느낀다

걷다가 힘들다 싶을 때면
길가 은행나무가 선뜻
그늘을 내어주기도 한다

어느 따뜻한 손길이 스쳤는지
낡은 담장엔 꽃 그림이 향기롭다

잠시라도 정신을 놓으면
미끄러진다는 깔끄막

때로 성난 발길질에
가슴이 무너지고
살점이 떨어져 나가도

찾아오는 발길 마다하지 않는다
아픈 마음 담담히 어루만져준다

싹 난 감자

베란다에 내놓은
감자에 싹이 났다
아껴서 먹다가 생긴 일

감자 싹을 따고
감자껍질을 깎는다

아카시아꽃 만발할 때쯤
동네 아이들은 감자 바가지를
앞에 놓고 다 닳은 숟가락으로 누가
감자를 빨리 깎나 내기를 하곤 했다

얼굴 가득 박힌
검은 점들을 보면서
못난이야, 못난이!
깔깔거렸다

오빠는 지금도 감자를 먹지 않는다
포슬포슬 분이 난 감자가 싫다고 한다

어릴 적

감자만 담겨 있던
그 밥그릇

계절이 바뀌고 있다

아침저녁 제법 서늘하다
타오르던 여름 걸음을 접자,
가을이 문 앞에 와있다

무슨 옷을 입어야 할까?
긴팔 혹은 짧은 팔?

바람이 나뭇잎을 흔들며
짧은 시간을 재촉한다
긴 장마와 폭우로
얼룩졌던 지난여름

빛의 열정도 사라져버렸다

이르게 찾아온 들국화 사이로
또 한 계절이 바뀌고 있다

말발굽

딱딱한 말발굽 속에
감추어진 발

구불구불 울퉁불퉁 험한 길을 걷느라
홈이 파이고 피가 맺혔다

갈 길은 먼데
걸어도, 걸어도
끝이 보이지 않았다

고갯길 넘을 때마다
살을 후비던 얼음 가시

이제 지친 걸음을 내려놓아야지
노을빛에 기대어 쉬려고 하니,

살아온 길 다시 걸어가라고
잘 다듬은 말발굽 또 씌워준다

겨울 풍경

밤새 눈이 내렸다
나뭇가지 마른 손끝마다
소복소복 눈꽃이 피었다

먹이를 찾던 허기진 새들은
보도블록 위에 꽁꽁 언 발을 딛고
눈꽃을 쪼아 먹는다

도시는 아무 일 없다는 듯
눈꽃 속에 어제를 덮고
오늘을 걷고 있다

바람은 하루에도 몇 번씩
나뭇가지를 흔들고 내리며
골목길을 떠돌고 있다

가을앓이

오후 햇살을 안고
갈대 무성한 강으로 갑니다

유난히 짧았던 봄
그래서 아쉬운 가을

이제는 미련조차 사치가 될까

젊은 날의 사랑처럼
그렇게 홀쩍 떠나 버리는
잎의 계절

남은 것은 쓸쓸한 그림자 하나

이제 나 먼저 떠나려 합니다
남은 것은 남은 대로 두고
빈손으로 문을 나서려 합니다

가로수처럼 당당하게

털 코트를 입고 외출했다
옷을 잘못 입었다
집을 나서니
그리 춥지가 않다

지나는 사람들도
긴 코트를 입고 있다
무엇이 그리 춥다고
꽁꽁 싸매고 나왔을까

단추 하나를 풀어본다
찬바람이 가슴을 파고든다
또 하나를 풀어본다
머릿속이 샘물처럼 맑아진다

길가의 가로수도 옷을 벗고
저렇게 당당하게 서 있지 않는가
빈 가지 사이로 봄이 오고 있다

갈등

눈을 뜨면서부터 시작되는 갈등
매일 되풀이 되는 일상이다

일어나기 싫어도 일어나야 한다
움직이기 싫어도 움직여야 한다

나를 둘러싸고 있는 크고 작은 올가미들

자유롭고 싶다
벗어나고 싶다

오늘도 어김없이 커튼을 걷고
멀리, 가까이 세상의 소음을
일상의 걸음으로 살아내야 한다

쉴 곳은 어디인가
내 안의 외침은 나를 두고
저 먼저 문밖을 나서고 있다

생각의 끈

생각이 떠나질 않는다
온종일 생각하고 생각해도
생각의 끈이 놓이지 않는다

무슨 아쉬움이 남았는지
늦은 밤까지 따라온다
이불을 쓰고 자리에 누워도
생각이 둥둥 떠다닌다

두고 온 지난날
희미해져 가는 얼굴들
그러나 다시 선명해지는
생각의 줄기들

그땐 몰랐다
가슴 시린 만남,
그리고 이별

이젠 알 것 같다
소중한 꿈의 조각들
오늘을 살게 한다

도시 매미

한더위 푸름 위에
장대비가 비가 쏟아진다
매미 한 마리가 장대비를 맞으며
위태위태 방충망에 매달려 있다

실낱같은 다리로
목숨을 부여잡고
목청껏 한낮을 울어댄다

아직도 숲의 환상을 꿈꾸는 것일까
울음의 파장에 푸른 메아리가 숨어있다

젖은 날개를 말려야
저 숲속까지 날아갈 수 있을 텐데
노래할 수 있을 텐데

어둠 내리도록
비는 그치지 않는다

좋은 날

바꿀 수 없는 오늘이라면
선선히 받아들이자
스쳐 가는 이 순간을 즐기자

자꾸 처지는 어깨
두 팔 높이 펼쳐보자

아무 일 없다는 듯
떠나 버린 봄날도 이렇게
잘 익은 가을을 안겨주지 않는가

웃어보자
웃다 보면
좋은 날이 오겠지

지나고 나면 이 순간도
그리울 때가 있을 것이다
그러니 지금은 웃자

해설

'나'를 찾아가는 내 안의 자아

김성조

(시인·문학평론가)

해설

'나'를 찾아가는 내 안의 자아
—김성조(시인·문학평론가)

1.

조명자의 첫 시집 『봄은 어김없이 온다』에는 그동안 돌아보지 못했던, 혹은 묻어두고 있었던 '나'에 대한 절실한 물음이 담겨 있다. 삶의 발자취 속에 묻혀 있었던 '나'에 대한 확인과 새로운 자기 구축의 의지가 그것이다. 이는 나와 세계의 관계성, 나와 사물과의 소통을 모색하는 것으로, 단절의 세계에서 열린 세계로 나아가는 것을 의미한다. 이러한 내적 흐름은 어느 날 문득 다가온 것이 아니라, 작은 불씨처럼 오랫동안 내 안에서 꿈틀대고 있었던 감정의 흐름이라고 할 수 있다. 작은 불씨는 조금씩 응집되면서 '나'를 찾아가고자 하는 강렬한 열망의 형식으로 자리 잡게 된다.

나는 어디에 서 있는가, 무엇을 하고 있는가 등 자기 존재에 대한 물음은 우선 자신이 속해 있는 현실과 직면해야 하는 어려움이 있다. 따라서 이에 따른 여러 갈등 요소가 등장할 수밖에 없다. 삶의 크고 작은 관계성 속에 각인된 내 모습은 긍정적이기보다 대체로 부정적인 형식으로 체감되는 경우가 많다. 현실은 끊임없이 나를 억압하고, 내가 아닌 나로 살아가기를 강요하기 때문이다. 따라서 진정한 '나'는 이미 상실되었거나 왜소해져 있기 마련이다. '칠흑 허공', '말발굽', '올가미' 등의 특징적 배경이 현실 인식의 상징 구도로 나타나는 것도 여기에 있다.

시집의 전체 의미 배경은 대략 세 개의 구도로 집약해 볼 수 있다. 먼저, 현실적 무게와 부조리를 벗어나 어딘가 그곳으로 떠나고자 하는 내적 정서의 발현이다. '어딘가 그곳'은 '나'를 실현할 수 있는 공간 즉, 내 안의 자아를 확보하고 정립할 수 있는 공간이다. 두 번째는, 시인이 체득하고 있는 세계(현실)에 대한 주도적 인식이다. 따라서 지금 여기에 서 있는 나, 현실적 주체에 대한 심리적 반응이 구체적인 색채로 명시된다. 마지막으로, 이러한 배경을 기반으로 해서, '나'를 구현하고자 하는 자기 극복의 세계로 나아간다. 곧, 내 안의 자아를 시적 영역으로 각인시키는 단계이다. '봄'은 꿈의 영역이면서 자아실현의 상징적 의미체계가 된다.

2.

작은 수족관 속 싱싱한 꽃게들
푸른 바다를 철썩이고 있다
서로의 다리를 단단하게 물고

그들만의 바다를 꿈꾸고 있다

집게로 잡으려면 더욱더 엉겨 붙어
집게마저 삼킬 듯 물어뜯는다
꽃게들의 한바탕 저항을 달래며
따뜻한 꽃게 찌개의 식탁을 그려본다

수돗물로 씻으려 하자,
죽은 듯 잠잠하던 꽃게들
일제히 일어나 와글와글
파도 소리를 내기 시작한다

그 중 한 마리 틈을 비집고 나와
어두운 바닥으로 툭 떨어진다
어딘지 모를 그곳을 향해
안간힘으로 기어간다

아직도 바다를 기억하는가

절뚝이며, 절뚝이며
먼 파도 소리를 따라간다
     —「바다의 기억」 전문

'꽃게'는 '바다'가 고향이면서 안식처이다. 하지만 누군가의 손에 의해 '바다'를 떠나 '작은 수족관'이라는 좁고 폐쇄된 공간에 갇히게 된다. '작은 수족관'은 겉으로는 평화롭게 보이지만, 그 내적으로는 생존을 위협하는 죽음의 공간이다. 이는 단순히 고향과 안식처의 상실이라는 단계를 넘어서서 더 이상 나아갈 곳 없는 절체절명의 위기를 내포한다. 따라서 '수족관 속'의 '꽃게들'은 끊임없이 "푸른 바다를 철썩"이면서 "그들만의 바다를 꿈꾸고 있다." '바다'에 대한 '기억'을 잊지 않기 위해 "서로의 다리를 단단하게 물고" 있다. 하지만 소통의 통로는 차단되고 이미 정해진 순서가 기다리고 있을 뿐이다. 돌아가고 싶지만 돌아갈 수 없다는 것이 그 중심에 놓여있다.

'작은 수족관'은 흔히 만날 수 있는 평범한 일상적 풍경이지만, 시인은 여기에 여러 각도의 의미를 심어놓는다. 내가 처해 있는 현실적 공간에 대한 인식, 이러한 상황에 놓여있는 자아의 위치, 탈출에 대한 의지 등이 그것이다. '나'를 열망하고 추동하게 되는 직/ 간접적인 배경도 여기에 있다. "아직도 바다를 기억하는가"는 그 시초를 여는 물음이다. "따뜻한 꽃게 찌개의 식탁"을 장식하게 될 '꽃게들'은 마지막까지 "와글와글/ 파도 소리를 내"며 자기 존재를 드러낸다. "어두운 바닥으로 툭 떨어"져 내리는 "그 중 한 마리"는 현실을 극복하기 위한 강렬한 의지를 반영한다. 또한 '나'의 분신으로서의 꿈의 상징이 된다.

'꽃게들'과 "작은 수족관"은 현실 인식의 중요한 연결고리가 된다. '바다'는 속박된 공간, 생존의 위기를 던져주는 공간이 아닌, 상실한 자아를 복원하고 실현할 수 있는 공간 이미지로 나타난다. 따라서 "절뚝이며, 절뚝이며/ 먼 파도 소리를 따라"가고자 한다. "어딘지 모를 그곳"은 시인이 찾고자 하는, 구현하고자 하는 그 너머의 세계이다. '꽃게' 한 마리의 꿈은 자유이고, '바다'로 돌아가는 것은 곧 자유의 완성이 된다. 아직은 "안간힘으로 기어"가는 단계에 놓여있지만, 가다 보면 언젠가는 '바다'에 닿게 될 것이다. "먼 파도 소리"는 늘 푸르게 그 생동을 열어갈 것이기 때문이다.

찬비 내리는 어스름 저녁
어디서 날아왔는지 비둘기 한 마리
창문 밑에 웅크리고 있다

문득 눈이 마주친다
불안한 듯 흔들리는 눈동자

여린 날개에 빗물이 스며든다
어둡게 젖어 드는
작은 영혼

동이 트려면
아직 몇 굽이의 비바람을
더 견뎌야 하리라

난간이라도 넓었으면 좋으련만
　좁은 발밑이 칠흑 허공이다
　　　　—「난간이라도 넓었으면」 전문

　현실 속의 나와 내 안의 나는 언제나 괴리를 가진다. 때로, 건널 수 없는 강처럼 공간적/ 심리적 거리를 내장하기도 한다. 나는 나와 함께 있지만 나와 동일시되지 않는다. 나는 여기에 있는데, 내 안의 자아는 전혀 다른 시선을 두고 있기 때문이다. 하지만 누군가는 그저 그렇게 주어진 일상을 살아갈 것이고, 누군가는 뼈아프게 자신을 돌아보고 삶을 성찰할 것이다. 자신을 돌아보고 삶을 성찰하는 과정은 어느 만큼의 고통을 수반하게 된다. 이는 잊고 있었던, 짐짓 외면하고 있었던 나를 돌아보는 순간이 될 것이기 때문이다.
　"찬비 내리는 어스름 저녁"과 "비둘기 한 마리"는 시인이 체감하는 현실적 상황과 나의 모습을 반영한다. "문득 눈이 마주친다/ 불안한 듯 흔들리는 눈동자"에서 그 연결고리를 찾을 수 있다. "동이 트려면/ 아직 몇 굽이의 비바람을/ 더 견뎌야 하리라"에서 짐작할 수 있듯이, "비둘기 한 마리"가 봉착한 현실적 시련은 크다. 여기에 더하여, "좁은 발밑이 칠흑 허공이다"라는 더욱 확장된 깊이의 어둠으로 젖어 든다. "찬비 내리는 어스름 저녁", "비둘기 한 마리", "칠흑 허공" 등은 당면한 현실과 자아 인식의 척도가 된다. 따라서 '비바람'에 노출된 "비둘기 한 마리"는 시인 자신이 그려낸 자화상이 될 것이다. 여기에는 탈출구를 찾을 수 없는 암울하고 절망적인 상황이 암시되어 있다.

  한더위 푸름 위에
  장대비가 비가 쏟아진다
  매미 한 마리가 장대비를 맞으며
  위태위태 방충망에 매달려 있다

  실낱같은 다리로
  목숨을 부여잡고
  목청껏 한낮을 울어댄다

  아직도 숲의 환상을 꿈꾸는 것일까
  울음의 파장에 푸른 메아리가 숨어있다

  젖은 날개를 말려야
  저 숲속까지 날아갈 수 있을 텐데
  노래할 수 있을 텐데

  어둠 내리도록
  비는 그치지 않는다
              —「도시 매미」 전문

조명자 시의 근저에는 일상적 삶의 형식과 주체의 모습이 대비되어 나타나는 경우가 많다. 이는 현실과 주체가 상호 합치될 수 없는 조건 속에 놓여있음을 말해준다. 위 시에 표상되고 있는 자연적 조건과 도시적 조건이라는 공간적 특성 또한 이러한 내·외적인 갈등 요소를 안고 있다. '매미'는 자연적 조건이 충족되어야 제 삶을 용이하게 영위할 수 있다. 요즘은 숲이 사라진 도시적 삶의 터전에서도 어렵지 않게 매미 울음소리를 들을 수 있다. 자그마한 나뭇가지 하나만 있어도 목숨의 한 철을 거뜬히 살아낸다. 그럼에도 '숲속'과는 다른 일정 한계가 주어질 것임은 분명하다.

"매미 한 마리가 장대비를 맞으며/ 위태위태 방충망에 매달려 있다", "실낱같은 다리로/ 목숨을 부여잡고" 등에서 "도시 매미"의 절박한 삶의 일단을 엿볼 수 있다. 자유롭게 '숲'을 노래해야 할 '매미'의 한철이 도시적 구조물 속에 매달려 있다. 이러한 공간적 특성은 "이름은 산 산 산, 산머루인데/ 도시의 발등에 뿌리를 내리고 있다"(「산머루」)에서도 나타난다. '숲'을 안고 살아야 할 '매미'와 '산머루'는 어쩌다 '도시'의 한 터에 걸음을 놓았다. '이주 생활'의 설움을 안고 있는 '산머루'와 '도시 매미'는 둘 다 자연으로 돌아가기를 염원한다. "다시 돌아갈 수 있을까"(「산머루」), "아직도 숲의 환상을 꿈꾸는 것일까/ 울음의 파장에 푸른 메아리가 숨어있다"(「도시 매미」) 등에서 그 내적 목소리를 읽을 수 있다. 하지만 "어둠 내리도록/ 비는 그치지 않"고, "젖은 날개를 말려야" 하는 오랜 기다림의 시간이 남아있을 뿐이다.

앞서 살펴본 "작은 수족관 속"의 "꽃게들"(「바다의 기억」)과, "창문 밑에 웅크리고 있"는 "비둘기 한 마리"(「난간이라도 넓었으면」), 위 시의 "장대비를 맞으며/ 위태위태 방충망에 매달려 있"는 "매미 한 마리"는 모두 극단의 현실 속에 놓여있다. 벗어나고 싶지만 벗어날 수 없는 크나큰 현실적 한계가 바로 그것이다. 위기를 동반한 암울한 공간과 이러한 공간을 살아가야 하는 "꽃게들", "비둘기 한 마리", "매미 한 마리"는 시인 자신을 체감하고 투영하는 상징적 의미체계가 된다. 곧, 조명자 시세계의 공간과 자아를 읽는 중요한 단서이면서 그 시적 배경이 된다.

3.

살펴보았듯이, 앞서 2장에서는 특정 이미지를 통해 나와 세계를 바라보고 체감하는 시편들이 중심에 놓였다. 따라서 암울한 현실을 벗어나기 위해 적극적인 행위를 하거나 의지를 표명하는 언어적 특징은 보이지 않는다. 이 장에서는 나의 위치, 내가 처한 상황 등이 직접적이고 구체적인 형식으로 표상된다. 보잘것없는 존재로 버려져 있는 나, 숨겨져 있던 나를 하나씩 일깨우고 털어놓기 시작한다. 현실적 배경에 포진해 있던 여러 불합리한 조건들을 밖으로 표출하는 단계가 되는 것이다. 이에 따라, 내가 무엇을 해야 하는지, 어떻게 해야 하는지의 방향성에 대해서도 어렴풋이 감지되기 시작한다. 따라서 현실적 자아와 시적 자아의 갈등 구조가 보다 내밀하고 치밀하게 전개된다.

  딱딱한 말발굽 속에
  감추어진 발

구불구불 울퉁불퉁 험한 길을 걷느라
홈이 파이고 피가 맺혔다

갈 길은 먼데
걸어도, 걸어도
끝이 보이지 않았다

고갯길 넘을 때마다
살을 후비던 얼음 가시

이제 지친 걸음을 내려놓아야지
노을빛에 기대어 쉬려고 하니,

살아온 길 다시 걸어가라고
잘 다듬은 말발굽 또 씌워준다
            ―「말발굽」 전문

'말발굽'은 '말'을 말답게 달릴 수 있게 하는 힘의 원천이다. 단단한 발톱, '말발굽'의 위력이 없었다면 아마도 누구나 경탄할 '말'의 세계는 없었을 것이다. 어떤 험한 길도, 어떤 먼 길도 마다하지 않고 거침없이 달리고 달린다. 따라서 그만의 힘과 그만의 위용을 아무도 의심하지 않는다. 하지만 "딱딱한 말발굽 속에/ 감추어진 발"에 대해서는 누구도 별반 관심을 두지 않는다. 밖으로 보이는 모습에만 눈길을 줄 뿐, 그 내적인 목소리에는 귀를 기울이지 않는다. '말'의 마지막은 어떤 모습일까. 그 위세가 크면 클수록 그 마지막은 오히려 쓸쓸할지도 모른다.

시편 「말발굽」에는 '말'의 고단한 일생이 함축되어 있다. "구불구불 울퉁불퉁 험한 길을 걷느라/ 홈이 파이고 피가 맺혔다"에서 그 지난한 삶의 흔적을 읽을 수 있다. "홈이 파이고 피가 맺"힌 발, "살을 후비던 얼음 가시"의 삶은 '말'이 토해내는 내 안의 고백이다. "갈 길은 먼데/ 걸어도, 걸어도/ 끝이 보이지 않았다"에서 비극성의 강도가 극대화된다. 이는 아무도 눈여겨보지 않은 '말'의 아픔과 슬픔이다. 이러한 '말'의 삶은 고스란히 시적 영역으로 이동하면서 시인의 삶과 접목된다. '말발굽'과 그 속에 "감추어진 발"이 내장하고 있는 의미 배경은 특정 상황에 한정될 수도 있겠지만, 인간사의 보편적 삶의 형식과 긴밀히 연계되기도 한다. '말'의 일생이 그렇듯, 우리의 삶 또한 여기서 크게 벗어나지 않기 때문이다.

눈여겨봐야 할 대목은, 시의 끝부분 "이제 지친 걸음을 내려놓아야지/ 노을빛에 기대어 쉬려고 하니,// 살아온 길 다시 걸어가라고/ 잘 다듬은 말발굽 또 씌워준다"에 있을 것이다. 긴 길의 끝에서 "이제 지친 걸음"을 쉬고 싶지만, 그럴 수 없다는 것이 시의 핵심이다. '노을빛'은 저물녘에 닿아있는, 한 생의 흐름을 상징화하는 시간 개념이다. 따라서 "노을빛에 기대어 쉬려고 하니"에는 보다 절실한 울림이 담기게 된다. 쉬고 싶다, 이제는 그래도 된다는 생각을 가져 보지만 외적 대상들은 이를 용인하지 않는다. "살아온 길 다시 걸어가라고" '말발굽'의 족쇄까지 다시 씌워준다. 보상은 없고 강요와 속박만 있는 형국이다. 현실적 부조리와 나와 너, 나와 세계의 관계성에 대한 시적 인식이 각인되는 시점이다.

①
나를 둘러싸고 있는 크고 작은 올가미들

자유롭고 싶다
벗어나고 싶다

오늘도 어김없이 커튼을 걷고
멀리, 가까이 세상의 소음을
일상의 걸음으로 살아내야 한다

쉴 곳은 어디인가
내 안의 외침은 나를 두고

저만큼 문밖을 나서고 있다
　　　　　―「갈등」 부분

②
세상에서,
이 세상에서
너만 내 삶을 지켜준다면
어두운 밤에도 발 헛디디지 않으리

그러나,
오늘도 회색빛으로 울고 있는 나

부서지는 파도처럼
너도 없고
나도 없는

서러움 가득한 날이다
　　　　　―「너만 알아준다면」 부분

 "나를 둘러싸고 있는 크고 작은 올가미들"(①)은 현대적 삶의 양식에서는 어디에나 존재하는 갈등 요소이다. 시 제목 「갈등」에서도 짐작할 수 있듯이, 여기에는 현실 인식과 자아 인식의 구도가 집약되어 있다. 내가 속해 있는 현실 공간은 끊임없이 나를 불러들이고 나를 묶어두고 있다. 이는 나를 위해서가 아니라, 주변의 필요성에 의해 생성되고 강행되는 풍경들이다. "세상의 소음을/ 일상의 걸음으로 살아내야 한다"에는 주도적 삶의 형식은 보이지 않는다. 따라서 "세상의 소음" 속에는 나는 없고 "크고 작은 올가미들"만 난무한다. "자유롭고 싶다/ 벗어나고 싶다"라는 외침과, "쉴 곳은 어디인가"라는 물음은 이러한 배경 속에서 생성된다. 이는 거리를 두고 '나'를 관찰하던 단계에서 목소리를 내어 '나'를 외치는 단계로 접어들고 있음을 나타낸다. 하지만 "내 안의 외침"은 "저만큼 문밖을 나서고 있"지만, '나'는 아직도 제자리를 맴돌고 있다.

  이제 시인은 "세상에서,/ 이 세상에서/ 너만 내 삶을 지켜준다면"(②)하고 구체적인 대상 '너'를 환기시킨다. '너'는 나를 지켜줄, 나를 알아줄 유일한 대상으로 각인된다. "너만 내 삶을 지켜준다면/ 어두운 밤에도 발 헛디디지 않으리"에는 내 존재를 확인받고자 하는 절박함이 담겨 있다. 하지만 '너'와의 거리는 좀처럼 좁혀지지 않고 "오늘도 회색빛으로 울고 있는 나"로 머물고 만다. '나'와 '너' 사이에는 합치될 수 없는 단절이 가로놓여 있다. 따라서 "너도 없고/ 나도 없는// 서러움 가득한 날"의 슬픔 속으로 빠져들게 된다.

  이 길의 끝에 무엇이 있는지 모른다
  다만 이리 걸리고 저리 차이는

돌 굽이를 걷고 또 걸을 뿐이다

아직 늦지 않았다
계곡을 따라 휘돌아 흘러가다 보면
거기 어디쯤, 눈빛 푸른 강물이
출렁이고 있지 않겠는가
─「가을 끝자락에서」 부분

　조명자 시인이 인식하는 현실 공간은 상호 공존의 세계가 아니라, 희생을 강요하는 속박의 한 유형에 근접해 있다. 물론 이러한 속박은 외적 대상에 의한 것일 수도 있고, 스스로 벗어나지 못하는 자기 구속의 형식일 수도 있다. 따라서 내적 자아는 더 크게 '나'를 외치고 내 위치를 확보하고자 한다. "이 길의 끝에 무엇이 있는지 모른다/ 다만 이리 걸리고 저리 차이는/ 돌 굽이를 걷고 또 걸을 뿐이다"에는 보이지 않는 목소리가 매개되어 있다. 얼핏, 현실 수용의 담담한 몸짓인 것 같지만, 이 속에는 자기 극복을 열망하는 내적 움직임이 작동하고 있다. 당면한 현실이 각박한 결핍의 형식으로 다가올수록 내적 반응은 더 강렬해지기 때문이다. "아직 늦지 않았다"라는 자기 확신의 목소리가 이러한 배경을 뒷받침한다. 따라서 "거기 어디쯤, 눈빛 푸른 강물이/ 출렁이고 있지 않겠는가"라고 스스로 희망적 대안을 제시하기도 한다.

후미진 골목길에
자전거 하나 버려져 있다
아무도 눈길 주지 않는다

몇 날이 지나도
그 자리 그대로 서 있다
오락가락 장맛비에
누렇게 녹이 슬고 있다

빗물 잦아드는 어느 저물녘
지나던 행인이 고개 갸우뚱 걸음을 멈춘다
주위를 돌아보다, 기우뚱 삐걱
자전거를 끌고 간다

마른 수건으로 촘촘히
젖은 결을 닦고 바람을 넣는다
죽었던 핏줄에 생기가 돌아난다

안장에 걸터 앉아본다
둥근 바퀴가 날아 오른다
저 길 끝까지 달려보라,
굽은 등 푸르게 밀어준다
     —「날개 달린 자전거」 전문

"날개 달린 자전거"에 대한 사유는 '나'를 찾아가는 적극적인 몸짓과 현실극복이라는 의미를 함유하고 있다. 이는 암울한 현실에 대한 일종의 반기이면서, 그 가능성을 생성하고자 하는 전환점이 된다. "후미진 골목길"에 버려진 "자전거 하나"는 아무에게도 관심을 끌지 못한다. "몇 날이 지나도/ 그 자리 그대로 서 있다/ 오락가락 장맛비에/ 누렇게 녹이 슬고 있다." 여기에는 이미 "쓰임이 다하면 버려지는 것들"(「버려지는 것들」)이라는 전제가 깔려 있다. 따라서 나와 내 주변을 돌아보게 하는 반성적/ 성찰적 인식을 불러들이는 하나의 계기가 되기도 한다. 버려진 '자전거'에 투영된 시적 시선이 더 넓고 면밀해지는 이유가 여기에 있다.

"지나던 행인"의 등장은 또 다른 반전의 계기를 마련하는 특징적 배경이 된다. 재생 불가능한 버려진 '자전거'를 새로운 생명의 세계로 접어들게 하는 기폭제가 되기 때문이다. "마른 수건으로 촘촘히/ 젖은 결을 닦고 바람을 넣"자 "죽었던 핏줄에 생기가 돋아난다"의 정황이 여기에 있다. "후미진 골목길"에 버려진 '자전거'는 "지나던 행인"에 의해 다시 '날개'를 달게 된다. "날개 달린 자전거"의 날아오름은 조명자 시인이 자신에게 주는 크나큰 선물이 될 것이다. 이는 절망적 상황에 안주하지 않고 '나'를 찾아가겠다는 강한 의지의 표명이라고 할 수 있다. "아직 늦지 않았다"(「가을 끝자락에서」)라는 자기 확신의 목소리가 불러들인 결과일 것이다.

오래 걸어온 길을 새로운 변화의 길로 전환하는 것은 그리 쉽지 않다. 오래 누적되어 온 경험적 시간은 그 시간만큼의 결집력을 생성하기 때문이다. 여기에는 언제나 두 개의 자아가 존재한다. 한 걸음도 내딛지 못하고 전전긍긍하는 현실적 자아와, '나'를 찾아 떠나고자 열망하는 내적 자아가 그것이다. 현실적 속박, 책임, 의무 등 외적인 속박에 묶인 걸음은 현실 속의 나에 연연할 뿐, 더 이상 앞으로 나아가지 못한다. 따라서 내 안의 자아를 일깨워 또 다른 '나'를 찾아가는 길은 멀고도 험하다. 하지만 우리에게는 "저 길 끝까지 달려"가야 할 과제가 남아 있다. 조명자 시인의 시적 언어도 이러한 단계에 접어들고 있다고 해야 할 것이다.

4.

엉킨다
자꾸 엉킨다

어디서부터 잘못되었는지
시작점을 찾을 수가 없다
풀고 풀어도 풀리지 않는다

이리 찾고
저리 찾고

밤낮을 헤맨다

문득, 스쳐 가는
마음속 깊은 응어리
거기, 오래 엉켜있는
실타래 하나

한끝을 잡고
부드럽게 당겨본다
솜털 하나하나까지
쓰다듬고 달래본다

엉킨 한끝이 풀린다
실타래가 풀렸다
　　　—「실타래가 풀렸다」 전문

 엉킨 '실타래'를 푸는 것은 쉽지 않다. 풀려고 하다 보면, 이리저리 더 엉켜버리는 불상사가 일어나기도 한다. 그래서 그냥 버려지는 경우도 왕왕 있다. 이런 경험이 있는 사람은 한 번 엉켜버린 '실타래'를 푸는 일이 얼마나 어려운지 알게 된다. "이리 찾고/ 저리 찾고/ 밤낮을 헤"매어 봐도 "어디서부터 잘못되었는지/ 시작점을 찾을 수가 없다." 특히, 마음속에 엉킨 '실타래'를 푸는 일은 더욱 어렵다. 살아가며 나도 모르게 조금씩 쌓인 마음속 '응어리'는 좀처럼 풀리지 않는다. 많은 관계성 속에서 얽히고 설킨 마음의 '실타래'는 그만큼 뿌리가 깊고 집요하기 때문이다.

 위 시의 엉킨 '실타래'는 오래 자리 잡고 있던 마음속의 '실타래'임이 분명하다. "문득, 스쳐 가는/ 마음속 깊은 응어리/ 거기, 오래 엉켜있는/ 실타래 하나"에서 그 배경을 짐작할 수 있다. "문득, 스쳐 가는/ 마음속 깊은 응어리"는 모르고 지냈던 혹은 알면서도 묻어두었던 내 안의 '실타래'일 것이다. 그 어느 때, 그 누군가의 걸음이 누적되어 '응어리'가 되었을까. 묵은 감정을 걷어내고 가만히 내 안의 목소리에 귀 기울여 본다.

 "마음속 깊은 응어리"는 그 쌓여온 시간만큼 천천히 다가가야 한다. 강하게 대응하면 오히려 더 엉켜버리고 만다. 마음을 다스리듯, "한끝을 잡고/ 부드럽게 당"기고, "솜털 하나하나까지/ 쓰다듬고 달래"야 한다. "마음속 응어리"는 대부분 외적인 대상이 아닌, 스스로 풀어야 할 문제로 다가오기 때문이다. 따뜻한 손길로 내가 나를 풀어주자, 비로소 "엉킨 한끝이 풀린다." "실타래가 풀렸다"의 극적인 순간이 강한 울림을 동반하는 이유가 여기에 있다. 마음속 엉킨 '실타래'를 푸는 일은 결국, 내 안의 나와 화해하는 과정이 될 것이다.

①
올 한해 많이 지쳤다
그만큼 너를 지켰고
또 나를 지켰다

빗방울이 거세진다
조금 더 참기로 하자
지금은 모두가 힘들 때다
　　　　　―「겨울로 가는 길」 부분

②
오늘도
불안한 미래, 불안한 나와
싸우고 있는 나

이제 긴 싸움을 멈추고 싶다
내 안의 나와 화해하고 싶다

남은 가을을
목청껏 노래하는 풀벌레들
이런 내 마음을 위로한다
　　　　　―「몸이 아프다」 부분

③
어젯밤 애달프게 울어대던 작은 새는
언제 그랬느냐는 듯 맑은 눈으로
초록 가지에 앉아있다

울음이 아닌,
하늘빛 청아한
자유를 노래하고 있다
　　　　　　―「쓸쓸한 자유」 부분

"올 한해 많이 지쳤다/ 그만큼 너를 지켰고/ 또 나를 지켰다"(①)에는 지친 걸음을 걸어온 '너'와 '나'를 위로하고 격려하는 메시지가 담겨 있다. 따라서 "너를 지켰고/ 또 나를 지켰다"에 담긴 내적 목소리는 한층 깊고 충만해진다. "조금 더 참기로 하자/ 지금은 모두가 힘들 때다"는 그 연장선상에서 수렴해 볼 수 있는 위로와 격려이다. 서로에게 건네는 이러한 따뜻한 공감의 정서는 '화해'를 이끄는 중요한 길잡이가 된다. 너와 나는 단절의 세계가 아닌, 상호 공감의 세계에서 하나가 된다. '너'와 '나'를 지키고 성장시키는 과정은 이처럼 함께 고통을 나누고 마음을 나누는 가운데서 이뤄진다.

위 3편의 시는 나를 확인하고, 추동하면서 나아갈 방향성을 모색하고자 하는 의지를 내장하고 있다. "오늘도/ 불안한 미래, 불안한 나와/ 싸우고 있는 나"(②)에서 우선 그 특징적 배경을 짚어볼 수 있다. "불안한 미래, 불안한 나"는 현실과 자아 인식의 구체적 조건이면서 시적 갈등의 핵심 요소가 된다. "이제 긴 싸움을 멈추고 싶다/ 내 안의 나와 화해하고 싶다"는 그 대응으로서의 적극적인 몸짓이다. 나를 회복하고 극복하는 과정은 내 안의 '화해'를 통해 가능해지기 때문이다. '자유'는 그 이후에 만날 수 있는 세계이다. "어젯밤 애달프게 울어대던 작은 새"(③)는 아침이 되자, "울음이 아닌,/ 하늘빛 청아한/ 자유를 노래하고 있다. '자유'는 시인이 많은 장애 요소를 건너서 비로소 확보하게 되는 꿈의 세계이다. 아직은 "쓸쓸한 자유"에 한정되어 있지만, 내 길을 찾아가는 과정으로서의 단계적 역할을 한다.

한차례 봄비 스쳐 가자,
여기저기 꽃망울이 터진다

여기에 꽃이 있었나?

그늘에 가려 보이지 않던 줄기들
모르고 밟고 다니던 풀뿌리들
색색 꽃눈을 튼다

백양나무 묵은 옹이에도
푸릇푸릇 물빛이 돈다

겨우내 누렇게 메말라 있던
억새 발끝에도 봄빛이 오른다

나 여기 있어요
나 여기 있어요

오래 참아온 손끝을 밀어 올린다
　　　　　　　—「나 여기 있어요」 전문

"여기에 꽃이 있었나?"라는 물음 속에는 새로운 생명에 대한 경이로운 시선이 담겨 있다. 이는 존재에 대한 발견이라는 인식을 동반하면서 또 다른 가능성을 암시한다. 봄이 되면, 아무것도 없이 버려져 있던 빈터에 새싹이 돋아나는 것을 흔히 보게 된다. 마음껏 밟고 다니기도 했던 길가 공터에도 작은 생명이 눈뜨기 시작한다. "한차례 봄비 스쳐 가자", 아무도 모르게 땅속 깊이 숨 쉬고 있던 생명들이 '꽃망울'을 열기 시작한다. "그늘에 가려 보이지 않던 줄기들/ 모르고 밟고 다니던 풀뿌리들/ 색색 꽃눈을 튼다." 특징적인 것은, "그늘에 가려 보이지 않던", "모르고 밟고 다니던" 등의 척박한 환경적 요인이 개입해 있다는 것이다.

"여기에 꽃이 있었나?"에서 '여기'는 내 존재의 위치를 확인하는 명징한 척도가 된다. 이는 "나 여기 있어요/ 나 여기 있어요"라는 반복적 표현으로 확장되고 있다. '여기'

라는 공간과 '나'라는 자기 인식이 확신의 형식으로 표출되고 있다. "오래 참아온 손끝을 밀어 올린다"에서 암시되듯이, 여기에는 긴 겨울의 견딤과 '봄', 그리고 '꽃'이라는 시간의 흐름이 내장되어 있다. 이는 "외로움은 각자의 몫/ 봄은 아직 멀리 있다"(「외로움은 각자의 몫」)라는 인식에서 비켜난 위치에 있다. '나'는 척박한 환경을 참고 견뎌온 주체이다. '꽃'은 그 결정체이며 자아실현의 핵심 요소가 된다. 겨울, 봄, 꽃이라는 시간의 순차적 흐름은 의미적 변화를 이끌어가는 시적 구성원리의 한 유형이 된다.

겨울은 아직 떠날 생각이 없는데,

바람이 따뜻하다
햇살이 눈부시다

묵은 흙길 사이로
얼굴 내미는 새싹들
노란 꽃망울을 매단 산수유

꽁꽁 언 겨울을 잘도 견뎠구나

기다리다 보면
봄은 어김없이 온다

우리에게 선물 하나쯤 안겨준다
　　—「봄은 어김없이 온다」 전문

　위 시편 「봄은 어김없이 온다」에 담겨 있는 의미적 진폭은 크다. 이는 "꽁꽁 언 겨울을 잘도 견뎠구나"를 그 배경에 두고 있기 때문이다. "꽁꽁 언 겨울"은 나와 세계, 나와 너의 관계에서 오는 현실적 부조화, 고립, 외로움, 슬픔의 정서를 함유한다. 따라서 '나'를 일깨우고, 견디고, 극복해야 하는 크나큰 과제로 다가온다. 이는 "가슴 깊은 곳에 웅어리진/ 갈증만 채워질 수 있다면/ 오늘 하루도 그저 살아낼 것 같다"(「어느 가을날의 일탈」)에서의 '갈증'을 해소하는 과정과도 연결되어 있다. '갈증'은 내 안에 오래 '웅어리'져 있던 엉킨 '실타래'이다. 이를 풀어내는 방법은 감추어져 있던 내 안의 '나'를 내 밖의 세계로 날려 보내는 것이다.
　조명자 시인에게 '봄'은 꿈의 실현이면서 현실극복의 상징적 메시지가 된다. "기다리다 보면/ 봄은 어김없이 온다"에서의 '봄'은 계절적 영역일 수도 있고, 오랜 열망의 내적 반응일 수도 있다. 어떤 것이든 희망적 내용을 담고 있음은 분명하다. 따라서 '어김없이'라는 자기 확신의 목소리까지 첨부된다. 하지만, 여기에는 "기다리다 보면"이라는 시간적 거리가 담보되기도 한다. 이러한 시간적 거리는 오래 쌓여온 내 안의 이야기를 시적 언어로 생성하기까지의 거리를 나타낸다. 이는 "조금 더 참기로 하자"(「겨울로 가는 길」), "내 안의 나와 화해하고 싶다"(「몸이 아프다」), "자유를 노래하고 있다"(「쓸쓸한 자유」), "나 여기 있어요"(「나 여기 있어요」)까지의 거리를 지나 비로소 안착하게 되는 지점이다. "우리에게 선물 하나쯤 안겨준다"에서의 '선물'은 오랜 기다림에 대한 보상이며 그 결과물이 된다.

조명자 시세계의 시적 시선은 경험적 시간이 던져주는 다양한 이야기적 배경보다, 대부분 나의 내면으로 향해있다. 이는 사람살이의 여러 발자취보다 오래 쌓여온 내 안의 이야기에 더 크게 반응하고 있음을 나타낸다. 어느 날 문득 돌아보면, 나는 나와 전혀 다른 나를 살아내고 있음을 발견하게 된다. 따라서 잃어버린 '나'를 찾기 위해 삶의 전반을 토로하고, 반문하고, 갈등한다. 일상 속의 나와 충돌하기도 하고, 그 일상을 벗어나고자 내 밖의 세계를 열어놓기도 한다. '나'를 정립하고 실현해 가는 과정은 오랜 기다림과 슬픔, 망설임과 견딤의 시간을 건너야 한다. 나와의 '화해'는 가장 적극적인 자기 치유이다. '봄'은 이러한 '화해'의 단계를 거쳐 확보하게 되는 내적 성장의 상징이 된다. '첫걸음'이 내장한 언어적 울림이 따뜻하고 절실하다. 그 길목 어디쯤 '좋은 날'(「좋은 날」)의 생동이 찾아올 것이다.